Mein großes Schulstart-Heft 2

mit dem kleinen Raben Socke

esslinger

Vom kleinen Raben Socke und seinen Freunden gibt es
viele lustige und spannende Geschichten, Eintrage- und
Mitmachbücher und tolle Accessoires.
Zu entdecken unter:
www.allesrabesocke.de

Konzept und Texte: Dorothee Kühne-Zürn
Sprüche vom kleinen Raben Socke: Nele Moost
Umschlagillustration und Vignetten vom kleinen Raben Socke: Annet Rudolph
Illustrationen: Steffen Schneider

Dieses Werk folgt der reformierten Rechtschreibung und Zeichensetzung.

© 2012 Esslinger Verlag J. F. Schreiber
Anschrift: Postfach 10 03 25, 73703 Esslingen
www.esslinger-verlag.de
ISBN 978-3-480-22952-9

Spielend lernen mit dem kleinen Raben Socke

Alles startklar, es kann losgehen!

Liebe Eltern,

Wahrnehmung und Beobachtung, Konzentration und Ausdauer, Gedächtnis und Merkfähigkeit – mit diesem Schulstart-Heft werden auf spielerische Weise grundlegende Kompetenzen erworben, die Ihrem Kind das Lernen in der Schule erleichtern.

Erste Schwungübungen für die Feinmotorik, das differenzierte Sehen und Einprägen von Farben und Formen sowie das Vergleichen von Mengen und Größen, sind die ersten Schritte auf dem Weg zum Lesen-, Schreiben- und Rechnenlernen.
Und der kleine Rabe Socke sorgt mit seinem frechen Schnabel dafür, dass der Spaß niemals zu kurz kommt.

Lesen Sie Ihrem Kind die Aufgabe vor und lassen sie es dann selbstständig arbeiten. Halten Sie sich ruhig in der Nähe auf, sodass Sie bereit sind zu helfen, wenn Ihr Kind Sie darum bittet, aber drängen Sie nicht auf eine schnelle Lösung.

Viel Spaß beim Lernen mit dem kleinen Raben Socke!

Dorothee Kühne-Zürn

Ich nehme alles mit
in mein Rabennest.

Im Stall liegen viele Sachen herum.
Streiche die Dinge durch, die du beim Reiten
nicht gebrauchen kannst.

Findest du alle großen und kleinen Tiere?
Mache an jedes Tier ein X.

Siehst du, wie sich die Brücke im Wasser spiegelt? Male die Spiegelbogen nach.

In jeder Reihe sind zwei Fahrzeuge gleich.
Male sie an.

Wo ist der Zirkus?
Da muss ich hin.

Der Regen wäscht die Farben weg.
Malst du ein neues Zirkusplakat?
Achte auf die Reihenfolge der Farben.

4. Mai
bis 5. Juni   Zirkus Kunterbunt   auf der
Festwiese

Findest du diese Dinge
auf dem Bild? Kreise sie ein.

Das ist mir zu schwer.
Ich hau ab.

Der Busfahrer fährt die Linie 1 vom Bahnhof zum Zoo. Male im unteren Bus die Leute an, die am Bahnhof im Bus waren, und im oberen Bus die, die nicht bis zum Zoo mitgefahren sind.

Diese Tiere sind sehr nützlich für uns.
Weißt du, was wir von welchem Tier bekommen?
Verknüpfe jedes Produkt mit dem richtigen Tier,
indem du eine Linie zwischen dem großen und
dem kleinen Kästchen ziehst.

Ich mach erst mal Mist.

Ich mal nur noch Ringelsocken.

Male die unteren Sachen neu an.
Was oben grün ist wird gelb, was rot ist
wird grün, was gelb ist wird blau, was blau
ist wird braun und was braun ist wird rot.

Rabe oder Nicht-Rabe, das ist hier die Frage.

In jede Reihe hat sich etwas hineingemogelt, das nicht dazugehört. Finde es und streiche es durch.

Ich habe auch ein klitzekleines.

Es gibt viele Pakete und Päckchen: viereckige, dreieckige und runde. Schau die Pakete auf den beiden Wagen an. Ziehe für jedes einen Strich zu den unten abgebildeten Formen.

Hilfst du dem Bauern den Zaun zu reparieren?
Sonst kommt heute Nacht der Fuchs und
holt sich eine Gans.

Ich will auch Traktor fahren.

Der Bauer muss sich die Teile des Traktors genau anschauen. Suche die Stellen, an denen sie sich befinden und ziehe eine Linie.

Ich muss erst mal an der Blume schnuppern.

Auf dem unteren Bild sind 10 Fehler.
Finde sie und kreise sie ein.

Mach mal einer das Licht aus!

Male die Lampen an, die leuchten.
Findest du heraus, was bei den anderen
nicht in Ordnung ist?

Male die Türme ganz.
Die Striche helfen dir dabei.
Du kannst die Türme danach auch anmalen.

Was fehlt denn da?

Verbinde die Teile, die du hier siehst,
mit den Fahrzeugen, zu denen sie gehören.

Kreise alle Sachen ein,
die aus Milch gemacht werden.

Lass mich mal ran, ich bin der Obermaler!

Male erst alle Sachen aus und danach die Hintergründe der drei Ringe in verschiedenen Farben.

In der U-Bahnstation begegnen sich zwei Züge.
Die Fahrgäste können gar nicht herausschauen.
Malst du die fehlenden Fenster an die Wagen?
Danach kannst du das Bild auch noch ausmalen.

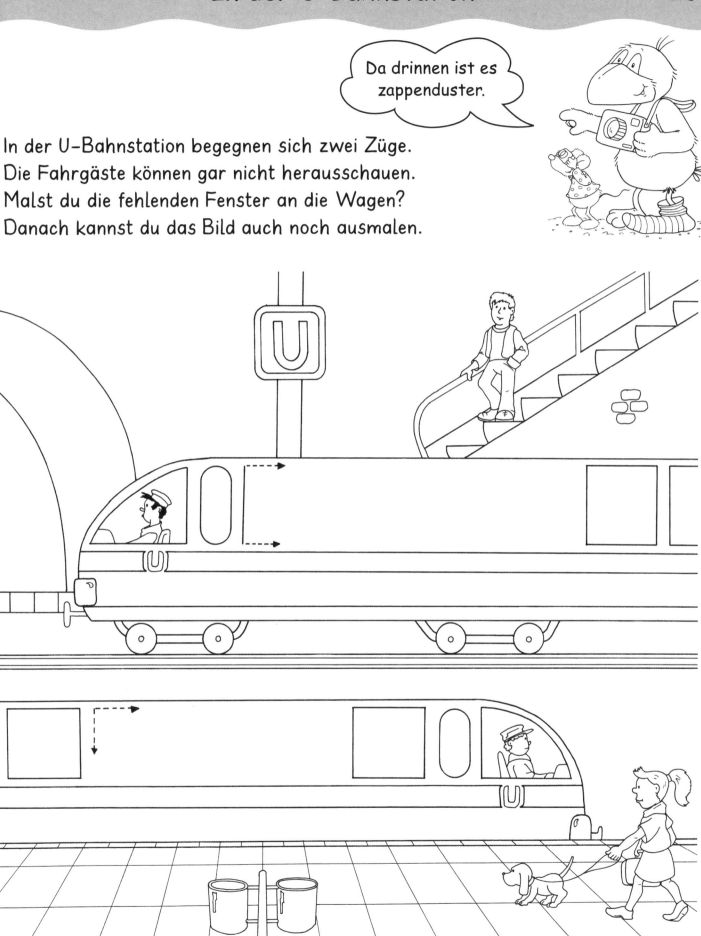

Ups, gekleckert!

Die alte Stadtmauer muss repariert werden.
Der Maurer setzt Stein für Stein ein.
Einige Steine in dem Steinhaufen passen genau
in die Mauer. Welche sind das? Male sie an.

Findest du an den alten Schiffen die Spinnennetze? Male sie fertig, damit die Spinnen wieder Fliegen fangen können.

Da muss ich mein Rabenhirn aber mächtig anstrengen!

In jeder Reihe passt ein Fahrzeug nicht zu den anderen. Streiche es durch und male die anderen an.

 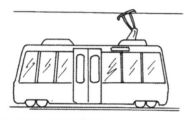  

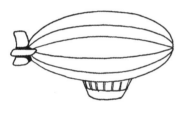   

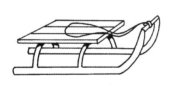   

 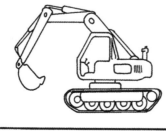  

Jedes Küken sucht seine zweite Eihälfte.
Wenn du sie gefunden hast, verbinde
die zusammengehörenden Teile jeweils
mit einer anderen Farbe.

Ohne mich!
Da geht meine
Socke kaputt.

Wo sind die Kinder abgefahren?
Wenn du das richtige Schild gefunden hast,
male den Weg in den Farben der Skianzüge an.

Findest du heraus, welcher Schatten
zu welchem Schwein gehört?
Verbinde sie jeweils mit einem Strich.

Die olle Gurke soll fliegen?

Tina hat eine Fahrt mit dem Zeppelin gewonnen.
Alle ihre Freundinnen und Freunde winken.
Male mit farbigen Stiften die Luftballons
und Fahnen nach.

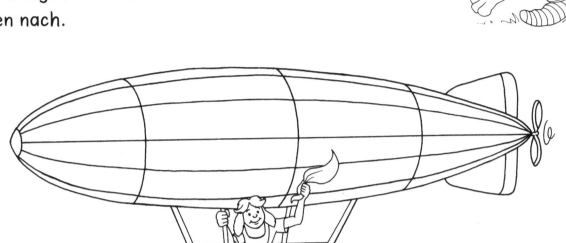

Das ist ja puppenleicht.

10 Fehler haben sich eingeschlichen. Findest du sie? Mache ein X daran oder kreise sie ein.

Ziehe einen Strich von den einzelnen Müllteilen zum richtigen Behälter. Male die Tonnen und das Müllauto in der Farbe an, die bei euch zu Hause üblich ist.

Rabenauge
sei wachsam!

Findest du heraus, an welchem Zaunpfahl
Schäferhund Bello befestigt ist?
Danach kannst du das Bild noch anmalen.

Ich kann
Schlangenlinien!

Male die Wellen unter der Fähre
mit einem blauen Stift nach.
Kannst du schon auf den Punktlinien bleiben?

Ich weiß es, aber ich verrate nichts!

Weißt du, in welches Geschäft die Teile gehören? Verbinde jeden Gegenstand mit dem richtigen Geschäft durch eine Linie.

Verbinde die Autos der ersten Reihe mit denen in der zweiten Reihe, wenn sie die gleiche Farbe haben. Verbinde ebenso die Autos der zweiten Reihe mit den Autos der dritten Reihe.

Auf den Stadtfahnen sollen immer alle vier Zeichen sein:

Male dazu, was fehlt.

Zeugen haben den Räuber gesehen,
die Polizei nur seinen Schatten.
Welcher ist es? Male ein X in das Kästchen.

Ich bin fix und foxi!

Einige der Laternen sind weiß geblieben.
Malst du sie so an, wie du sie unten siehst?

Die Kinder gehen zur Burg hinauf.
Ziehe die gepunkteten Linien nach.
Beginne immer unten.

Mach du mal, ich les doch gerade.

Oben siehst du ein Bild vom Ferienhaus. Unten hat Julia es abgemalt. An 10 Stellen hat sie etwas vergessen. Malst du es fertig?

Die Schulkinder spielen in der Pause
das Formenspiel. Sie müssen noch einige
an die richtigen Stellen legen.
Male alle Kreise rot, alle Dreiecke gelb und
alle Quadrate blau an. Male die fehlenden Formen
an der richtigen Stelle in die Felder.

Auf los geht's los!

Bei Rot bleibste steh'n,
bei Grün kannste geh'n!

Schau an, wo Fußgänger und Autofahrer stehen
oder in Bewegung sind. Male die richtige Farbe
in das jeweilige Ampellicht.
Du brauchst 3 x Grün und 3 x Rot.

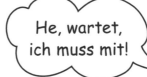

Ziehe die gepunkteten Linien nach,
damit der Zug sicher fahren kann.

Ich zieh auch mit ein!

Findest du heraus, wie das Haus aussieht, wenn es fertig ist?
Male ein X in das richtige Kästchen.

Tim hat sich auf
dem Campingplatz verlaufen.
Zeigst du ihm den Weg zu seinem Zelt?
Versuche es zuerst mit dem Finger,
danach mit einem Stift.

Da soll ich mich durchwursteln? Na, vielen Dank!

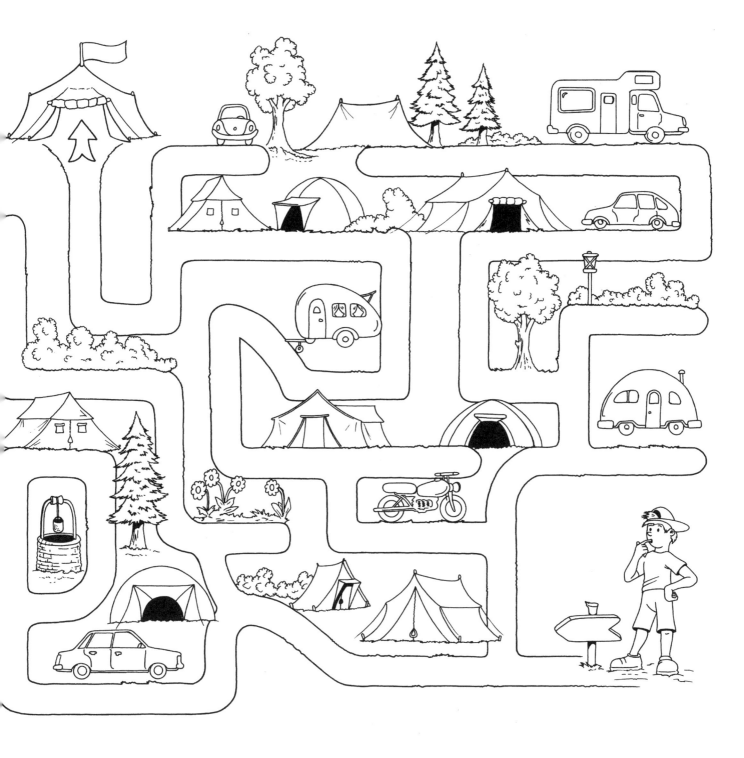

Da ist ja einer nackig!

Schau dir die Schiffe und Boote an.
Mache solch eine Pfeilspitze **>**, wenn sie
nach rechts fahren und eine solche **<**,
wenn sie nach links fahren.

Der Zaun des Kindergartens wird bunt gestrichen. Malst du in der richtigen Reihenfolge weiter?

Welche Fahrzeuge?
Ich erkenne nix.

Erkennst du die Fahrzeuge?
Spure die Umrisse mit einem Stift nach.
Nimm für jedes Zeichen eine andere Farbe.

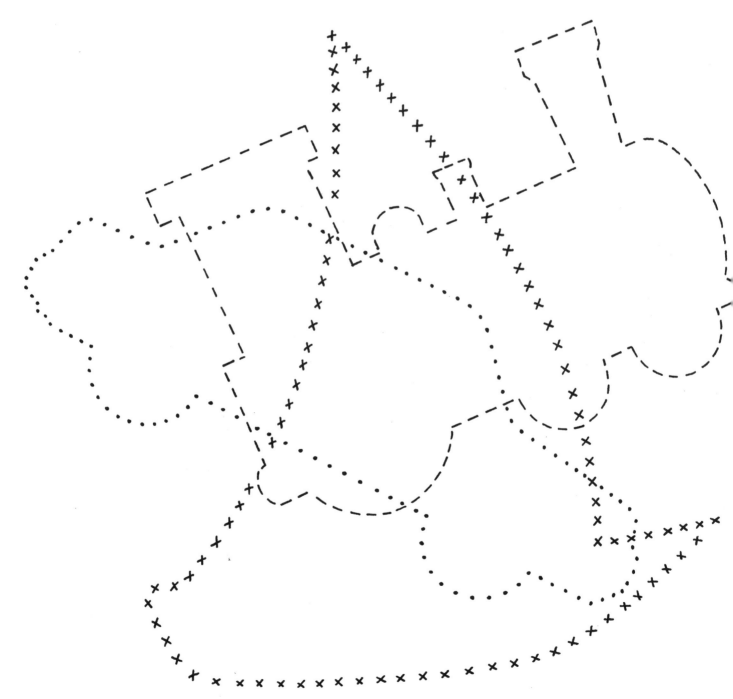

Unten siehst du, welche Bücher Mia und
Thilo anschauen. Male unter die Bücher,
für die sich Mia interessiert, ein X, und
unter die, die Thilo anschaut, einen O.
Wenn du möchtest, male das Bild an.

Aber den Pokal
kriege ich!

Wer war das?

Haben die kein Klo?

Verbinde mit den Tieren das, was aus ihrem Popo gekommen ist.

Wie können die Menschen ihr Gepäck tragen?
Male Griffe und Riemen an Koffer und Rucksäcke.

Du kannst ja schon mal ohne mich anfangen.

Wähle für Kreise, Dreiecke und Vierecke jeweils eine Farbe und male sie an.
Verbinde alle Kreise miteinander. Mache es genau so mit den Dreiecken und den Vierecken.

Findest du heraus, von welchem Schaf
die Wolle für Pullover und Mütze kommt?

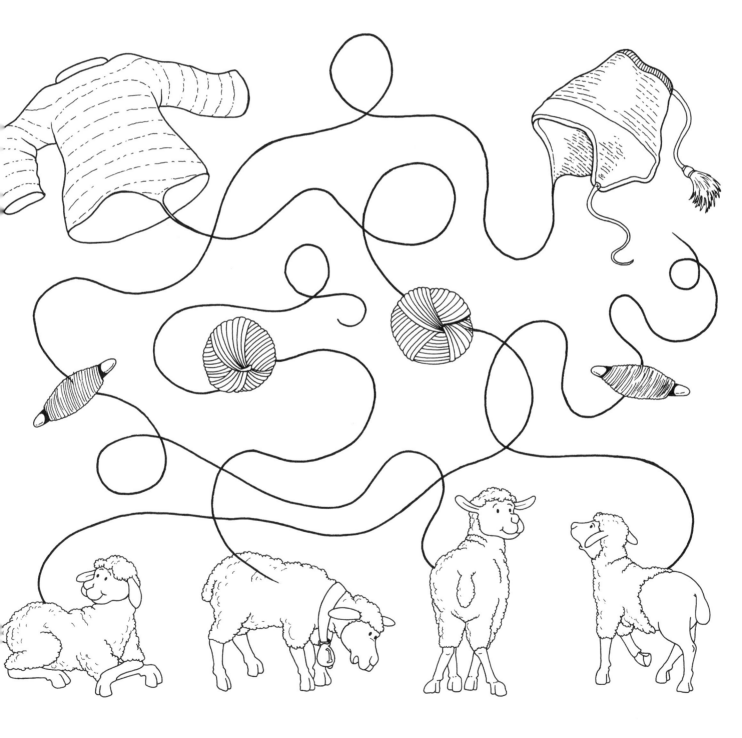

Ein Pommes für dich, zwei Pommes für mich.

Die Bilder sind durcheinandergeraten. Male 1 Punkt unter das Bild, welches den Anfang der Geschichte zeigt. Das zweite Bild bekommt 2 Punkte, das dritte 3, das vierte 4, das fünfte 5 und das letzte 6.

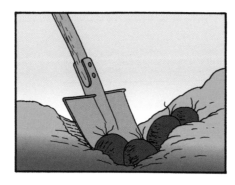

Ja, das kann ich!

An der Straßenbahn siehst du
viele bunte Plakate.
Findest du sie unten wieder?
Male sie genau so an wie oben.

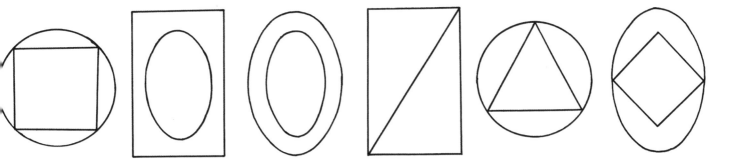

Linienbusse

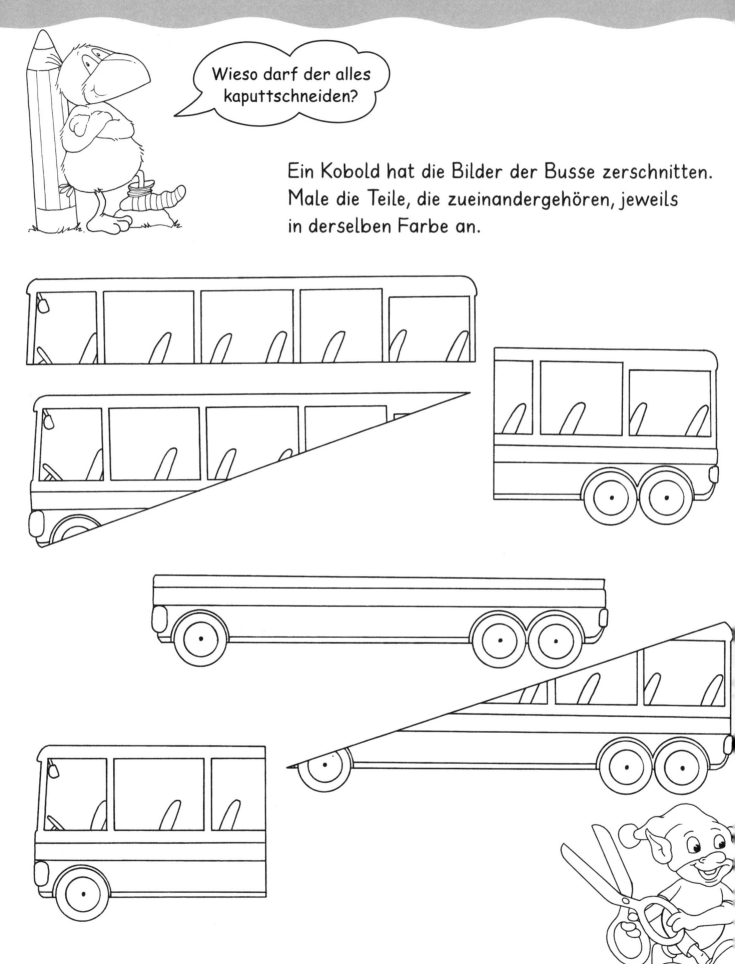

Wieso darf der alles kaputtschneiden?

Ein Kobold hat die Bilder der Busse zerschnitten. Male die Teile, die zueinandergehören, jeweils in derselben Farbe an.

Male jedes Feld mit der richtigen Farbe an und ziehe die gestrichelten Linien der Wolken mit einem blauen Stift nach.

□ rot △ gelb ◖ blau ○ grün

Los, wir fliegen um die Wette!

Mich gibt's nur einmal!

Hier haben sich ganz viele unterschiedliche Tiere versammelt. Kreise die Tiere ein, die nur einmal zu sehen sind.

Ali begrüßt jeden Gast mit einem Luftballon.
Durch die Anhänger findest du heraus,
welche Farben die Ballons haben.
Male sie in den richtigen Farben an.

Schau dir dieses Bild genau an!
Erkennst du die 10 Unterschiede? Kreise sie ein.

Die Kindergartenkinder haben eine Stadt
aus Bauklötzen gebaut. Male alle Bausteine an,
die sie aus dem Kasten genommen haben.
Welche bleiben übrig?

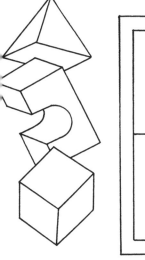

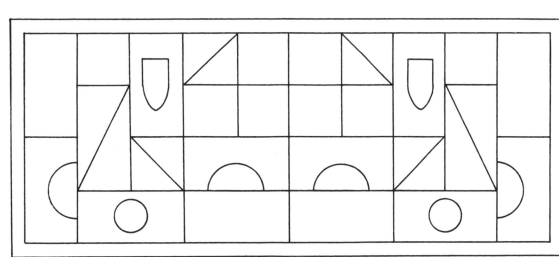

Die sind alle für dich!

Schau dir die Sträuße der Kinder an.
Welche Ähren haben sie gepflückt?
Verbinde die Ähre mit dem Strauß.

Keine Angst, Maus,
die tun nix!

Zähle bei jeder Wölfin die Jungen.
Male für jedes Junge einen Punkt ●
in das Kästchen.

Ein Loch in der Wasserleitung

Ih, das tropft doch.
Mach schnell, Klempner!

Der Klempner hat verschiedene Rohrstücke mitgebracht. Welches kann das kaputte ersetzen?

Schau dir die Leute
und die Fahrzeuge an.
Wenn sie sich nach rechts bewegen,
malst du so einen → Pfeil in das
Kästchen darunter. Bewegen sie sich
nach links, malst du diesen ← Pfeil.

Wo wollen die denn alle hin?

Aber pass auf, dass du keine Schlangenwörter zauberst.

Aus den Bildern auf der linken Seite kannst du mit denen der rechten Seite neue Wörter zaubern, wenn du die passenden verbindest.

Welche Tiere laufen auf zwei Beinen?
Kreise sie ein und zähle sie dann.
Kreuze die richtige Fingerzahl an.

Hallo, ihr klapperigen Blechheinis!

Die Ritter trugen ihre Wappen
auf Rüstung, Fahne und Schwert.
Verbinde die gleichen Wappen miteinander.

Alle warten auf die Straßenbahn.
Einige Personen findest du unten
auch als Schatten.
Diese malst du im Bild bunt an.

Dem Keks fehlt jetzt auch was!

Bei allen Gegenständen fehlt etwas.
Malst du sie fertig?

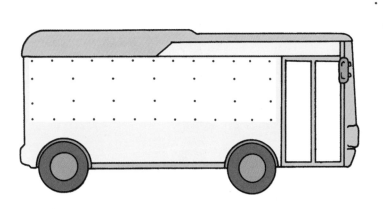

Schau dir die Wiese, den Wald und das Feld
genau an. Ein Schmutzfink hat 10 Dinge
liegen lassen, die nicht dorthin gehören.
Male ein X daran.

Alles meins!

Oma und Opa haben im Spielwarengeschäft
Geschenke für Emma und Leon gekauft.
Welches Teil ist im jeweiligen Paket?
Male das Spielzeug und seine Verpackung
in derselben Farbe an.

Male erst nur das Werkzeug braun an.
Danach kannst du das ganze Bild noch
bunt anmalen.

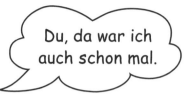

Du, da war ich auch schon mal.

Male das Kreuz und die Signalleuchten so an, wie du sie auf dem Bild siehst.

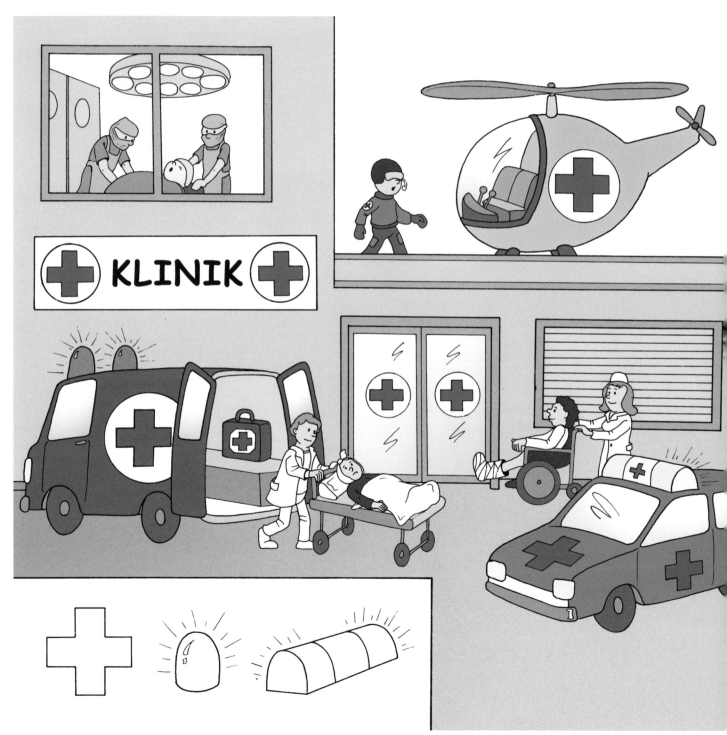

KLINIK

Rot heißt Stop,
Grün heißt hopp!

Bei einigen Ampeln ist das Licht ausgefallen.
Malst du rot und grün an die richtige Stelle?

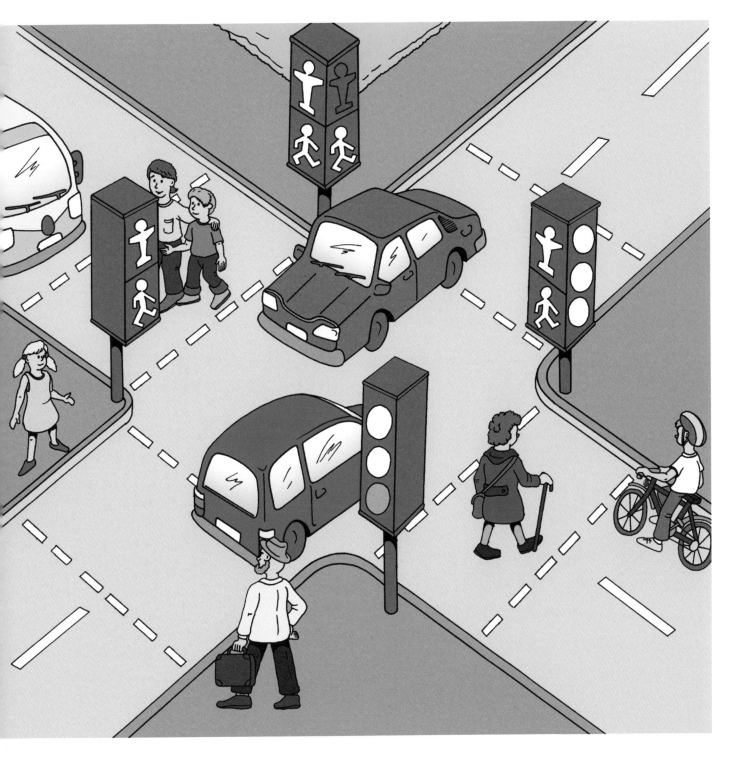

Schiff ahoi!

Schiffe haben Augen?
Bei dir piept's wohl!

Male die Bullaugen (die runden Fenster) fertig,
damit kein Wasser ins Schiff kommt.

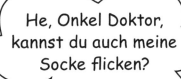

Schau an, welche Tiere auf den Arzt warten.
Kreise diejenigen ein, denen der Tierarzt
nicht helfen kann.

Einfach alles
in meinen Korb!

Kennst du die Obstsorten?
Male von jedem Baum oder Strauch
ein Stück in den Korb.

In jedem Beet sollen von jeder Farbe
– Gelb, Orange, Hellblau, Lila, Rot – immer
drei Blumen wachsen. Male die weißen Blumen
in der richtigen Farbe an.

Schau genau hin!

Na warte,
das kriege ich raus!

Nur ein Bild in jeder Reihe ist genau so
wie das davor. Male beide an.

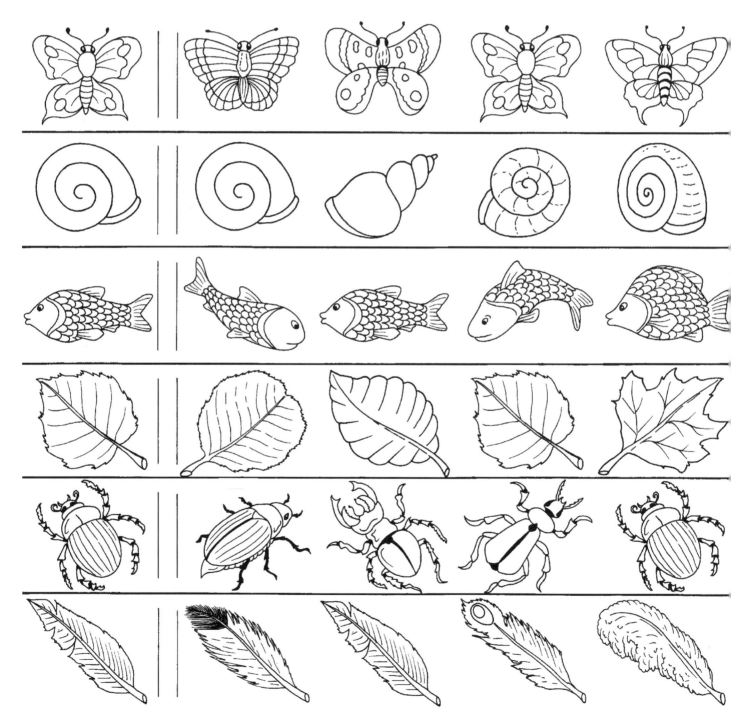

Ich könnte auch einen Flughelm gebrauchen. Der müsste sooo groß sein!

Verbinde die Punktlinien miteinander und male dann das Bild gelb an.

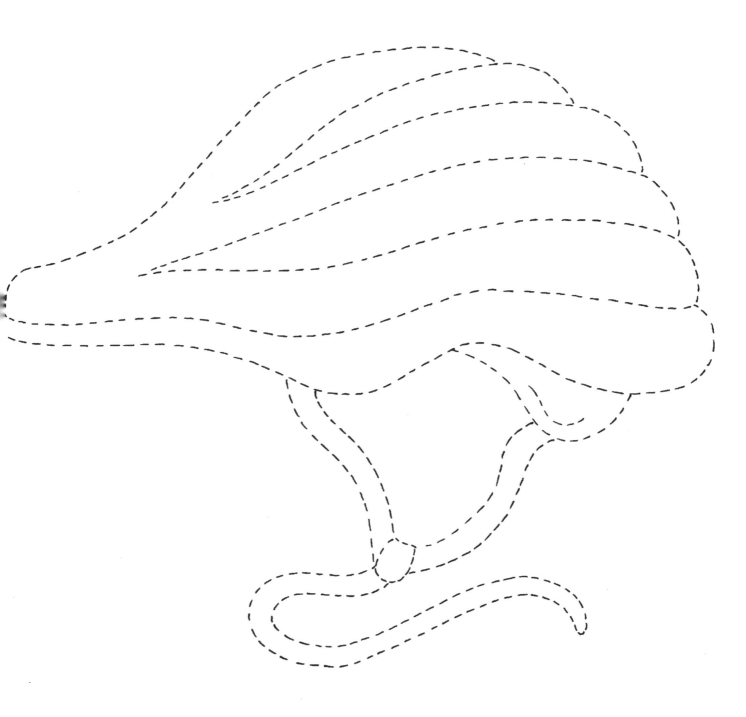

Da muss ich eben nachschauen!

Was hat sich denn da alles im Feld versteckt? Finde die 10 oben abgebildeten Dinge und kreise sie im Bild unten ein.

Im Bild sind diese Dinge versteckt:
1 Schmusekissen, 2 Bälle, 3 Kokosnüsse,
4 Äpfel, 5 Bananen.
Wenn du sie gefunden hast, mache ein X
daran und in das entsprechende Kästchen
für jedes einen Strich I.

Sicher über die Straße

Die Kinder möchten mit dem Bus fahren.
Nur ein Weg dorthin ist sicher.
Male ihn grün an.

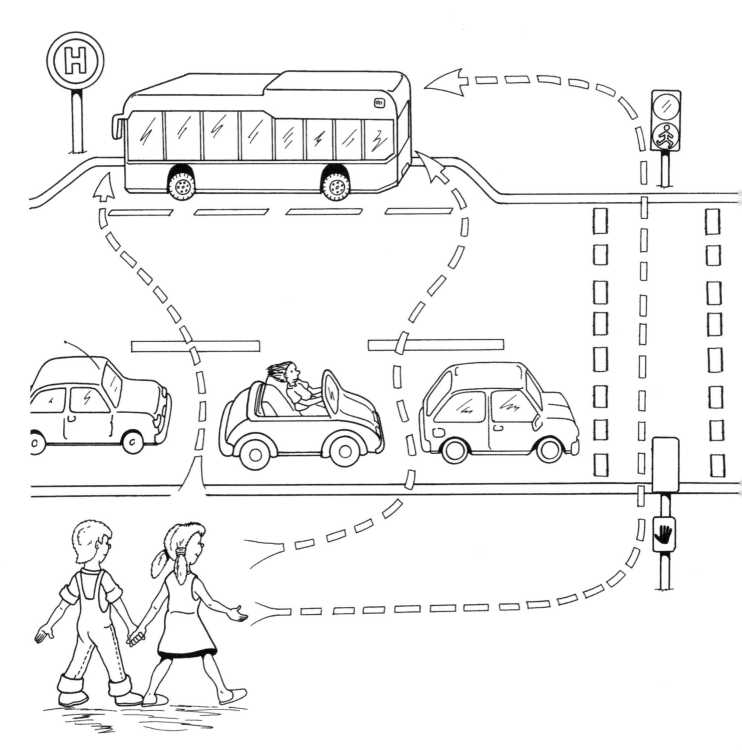

So können die Räder nicht rollen.
Ziehe die gepunkteten Linien
mit einem Bleistift nach.

So ein Gewimmel!

Ich überhole alle!

Schau an, was auf der Straße los ist.
Male für jedes rote, grüne und gelbe Auto
einen Punkt unten in das jeweilige Kästchen.

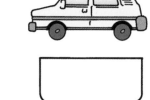

Soll ich es dir rausgabeln?

In jeder Reihe passt eines nicht zu den anderen.
Streiche es durch.

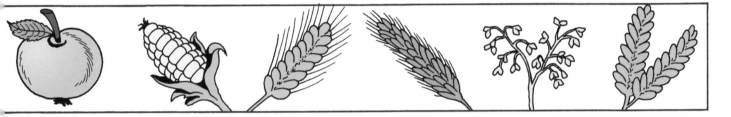

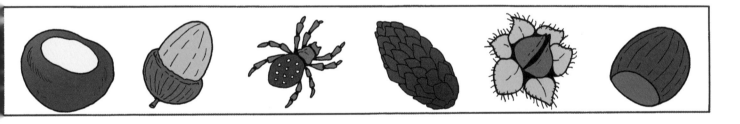

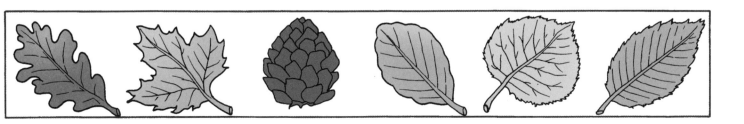

Ich will auch ein bisschen malen!

Der Mechaniker arbeitet an zwei Autos.
Male ein Auto blau, das andere rot an. Danach
male die Teile, die zum blauen Auto gehören,
blau, die zum roten Auto gehören, rot an.

Der Fliesenleger hat sich ein Muster ausgedacht.
Malst du es weiter?

Kann man da oben auch angeln?

Die Piloten suchen ihre Maschinen. Verbinde Pilot und passende Maschine mit einem Strich.

Das kann ja jeder!

Ziehe einen Strich vom halben Teil zum Ganzen.
Wenn du fertig bist, kannst du die Hälften
auch noch anmalen.

Tachchen, Rabensocke.
Ich bin Pingisocke.

Verbinde die Eisschollen, auf denen
gleich viele Pinguine stehen.
Du darfst sie auch anmalen.

In der Schreinerwerkstatt entstehen
gerade zwei Kommoden.
Male die eine grün, die andere braun an.
Male danach auch die Schubkästen so an,
dass sie zur richtigen Kommode passen.

Mehr vom kleinen Raben Socke

ISBN 978-3-480-22667-2

ISBN 978-3-480-22668-9

ISBN 978-3-480-30235-2

ISBN 978-3-480-22145-5

ISBN 978-3-480-22751-8

ISBN 978-3-480-22808-9

ISBN 978-3-480-22458-6

Tschüüss, bis ganz bald in der Schule!